Les mots de Zaza

Née à Biot (Alpes-Maritimes) en 1943, **Jacqueline Cohen** collabore comme rédactrice à *J'aime lire*. Elle est l'une des scénaristes de la série *Tom-Tom et Nana*, publiée par cette revue.

Bernadette Després est née à Paris en 1941. Elle illustre de nombreux ouvrages pour la jeunesse édités par Bayard Presse *(Tom-Tom et Nana),* Bayard Éditions, La Farandole et les éditions du Sorbier. Attirée par les modes d'expression des jeunes enfants, elle participe à des animations organisées dans les écoles autour de ses albums.

Du même illustrateur dans Bayard Poche :
Les Dubronchon et leur dubronchette (Les belles histoires)
Disparitions à répétition (J'aime lire)

© Bayard Éditions Jeunesse, 1991
Tous les droits réservés. Reproduction, même partielle, interdite.
ISBN 2.227.72134.0

Les mots de Zaza

Une histoire écrite par Jacqueline Cohen
illustrée par Bernadette Després

Onzième édition

BAYARD POCHE

4

Il était une fois
une petite souris nommée Zaza
qui aimait faire des collections.
Des collections de quoi ?
De plumes, de poils,
de miettes, de graines,
bref, de n'importe quoi.

Zaza rangeait ses trouvailles[*]
dans sa chambre.
Personne ne pouvait les admirer.
Sur la porte un écriteau disait :
« Trésor des Collections Magnifiques.
Défense d'entrer. »

*Ce mot est expliqué page 45, n° 1.

TRÉSOR
DES COLLECTIONS
MAGNIFIQUES
Défense
d'entrer

Un matin, l'envie vient à Zaza
de collectionner des mots.
Où trouver des mots ?
Rien de plus simple :
les journaux, les livres en sont pleins,
et les chansons, et les conversations*.

La chambre de la souris
en est vite envahie*.
Mots lus, mots entendus forment
un grand vocabulaire
que Zaza range
sous trois cloches de verre :
une petite, une moyenne et une grosse.
Sous la petite cloche,
Zaza range les petits mots :
gentil, jolie, souris,
des mots qui zozotent,
comme Zaza, zoulou, bise et bisou,
des mots en -ette,
comme grisette, coquette, pitchounette.
Sous la moyenne cloche,
Zaza range les mots moyens,
les mots de tous les jours :
table, Maman, fessée, Papa, jouet,
des mots utiles et très utilisés.

*Ce mot est expliqué page 46, n° 3.

11

souris coquette
casquette

Enfin, sous la grosse cloche,
Zaza glisse les gros mots,
des mots parfois si gros
qu'on n'ose pas les dire :
des insultes* terribles,
des mots méchants, moqueurs
et quelques mots à faire peur...
Au début, c'est la petite cloche
que Zaza préfère.
Elle la secoue doucement
pour entendre les mots chanter :
gentil, chérie, bisou,
coquette, boule de neige,
goutte de pluie et pomme d'api !

*Ce mot est expliqué page 46, n° 4.

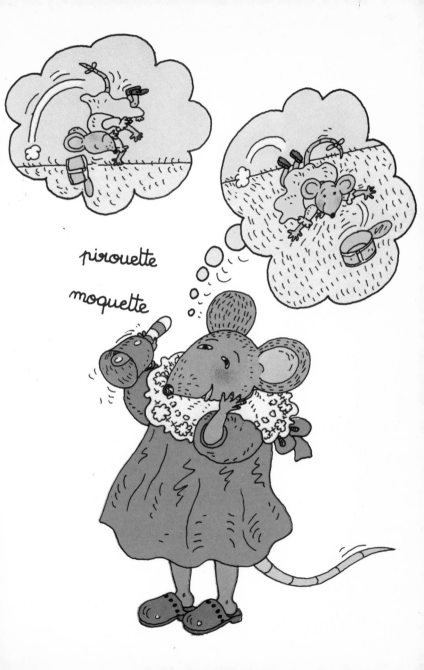

pirouette
moquette

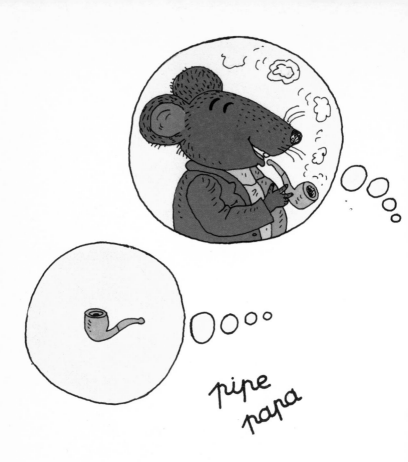

pipe
papa

Puis elle s'intéresse à la moyenne cloche,
qui chante d'une voix monotone :
Papa, Maman, écriture,
jambon, tricot, hiver, téléphone,
phone, phone...

15

Enfin Zaza se met à adorer,
vraiment a-do-rer
sa grosse cloche pleine de gros mots.

A la moindre dispute,
pour un oui, pour un non,
la souris court à sa chambre
et s'enferme en claquant la porte.

TRÉSOR
DES COLLECTIONS
MAGNIFIQUES
Défense
d'entrer

IBRE!

A peine secouée, la grosse cloche
entonne son chant guerrier.
Zaza bondit tout autour
et se jette sur le sol,
exécutant de magnifiques
danses sauvages.
Ses parents, inquiets, essaient
de lui parler à travers la porte.

– Allons, ma chérie,
nous ne sommes plus fâchés,
c'est fini, viens nous faire un gros bibi !
La réponse ne se fait pas attendre :
– Chti-foutron du crapouilli !
Grou et Gra ! Sacré blabla et ratafia !
Croutamolle, et zut, et vlan, tiens !

Un soir, arrive un invité,
Monsieur Souriko.
Comme il n'a pas vu Zaza
depuis longtemps,
il lui tapote les joues en disant :
– Alors, mon petit, on grandit,
on grandit !
– Bas les pattes ! rugit Zaza.
Ben quoi ! Gnia-gnia,
Souriko à la noix,
fichu croupiot du rafiot...
A ces mots, Monsieur Souriko rougit
et s'enfonce dans le col de son manteau.

Bas-les-p
Gnia-gn
Souriko
à la no

Les parents de Zaza rougissent aussi.
Ils sont terriblement embarrassés.
Ils enferment la souris dans sa chambre.

Mais, pendant tout le dîner,
l'invité entend la grosse cloche tinter :
– Rah ! Rah ! Boustif et barbak !
Ratafiole et galapiat !
Sale fourbi de bouse de vache...

Trois jours plus tard,
l'incident* est oublié.
C'est l'anniversaire de Zaza.
Toute la famille est réunie.
Il y a l'oncle Léon et la tante Charlotte,
avec leurs enfants,
Charlie, Riri et Nana.

*Ce mot est expliqué page 47, n° 5.

Il y a l'oncle Thomas et la tante Josepha,
avec leurs enfants,
Claudie, Zézette et Jeannot.
Il y a l'oncle Nestor et la tante Margotte
sans enfants.
Enfin, il y a l'oncle Jules tout seul.

On allume les bougies plantées
sur le fromage d'anniversaire.
Zaza gonfle ses joues pour souffler,
lorsque l'oncle Jules l'arrête :
– Pas tout de suite, ma chérie !

28

Il lève son verre et dit :
– Mes chers amis, je tiens à faire
un petit discours, très court.
Je vous raconterai quelques souvenirs
dont j'aime me souvenir en ce temps...
... où les souvenirs ne sont plus
que des souvenirs...
Zaza serre les dents. Elle sent monter
quelques-uns de ces gros mots
dont elle a le secret, et soudain...

– Suffit ! Basta !
Tonton tartouillon du bidon,
Garfouillis en caleçon...

Pour des personnes si bien élevées,
le choc est rude.

31

Tante Josepha se bouche les oreilles,
l'oncle Jules lâche son verre,
tante Charlotte s'évanouit
dans un compotier,
et l'oncle Thomas avale d'un coup
quatre cerises à l'eau-de-vie.
Quant aux parents de Zaza,
ils regardent leur fille dans les yeux,
d'un air furieux.

Zaza est mal à l'aise, elle fait des vœux :
– Ah ! Vite, qu'il se passe quelque chose !
Un tremblement de terre,
un orage, des éclairs, quelque chose
qui réchauffe l'atmosphère !
Et par un hasard extraordinaire,
la chose arrive.
– Au chat ! Au chat !
Au secours ! Le voilà !
Des cris fusent de tous côtés.
Sauve qui peut !

C'est la panique dans la maison.
Adieu oncles, tantes,
cousins, cousines !
En un clin d'œil, tous disparaissent.
Zaza reste seule
devant son fromage d'anniversaire...
et devant le chat ! Alors, vite,
la souris court à sa chambre,
elle secoue sa cloche à gros mots.

Puis elle fonce vers la bête,
et, d'une voix terrible, elle crie :

– Eh va donc, peau d'hareng
sur tête de lard !
Rabougri de rabougra !
Pesti-pesta de fesse de rat !
Mortafiole et mort aux chats, là !
C'est un langage qu'aucun chat
ne peut supporter.
Celui-ci s'écroule,
raide mort,
sur le plancher.

Un à un, encore tremblants,
les membres de la famille
sortent de leur cachette.
Et Zaza est si fatiguée
après son exploit*
qu'elle n'a pas envie
d'être fêtée.
Elle va se coucher.
Dans son lit, pour une fois,
elle a tout ce qu'elle demande :
du thé au lait avec sept sucres,
un gâteau sec entier,
un carré de chocolat,
deux oreillers en plus
de celui qu'elle a déjà,
un petit bout de coton
pour se caresser le nez.

Et, malgré tout, il lui semble
que quelque chose encore lui manque.
Mais quoi ?
Ah, oui...
Quand son papa vient la border, elle dit :
— Passe-moi ma petite cloche,
ma cloche à petits mots.
Et avant de s'endormir,
elle écoute longtemps la chanson :
— Souris, chérie, gentille et jolie,
perle de pluie,
fleur de baiser,
Zaza, Zaza...

LES MOTS DE L'HISTOIRE

1. **Une trouvaille**, c'est un objet
ou une idée qu'on a découvert
un peu par hasard
et qu'on est très content d'avoir trouvé.

2. Quand plusieurs personnes
discutent ensemble, bavardent,
se disent des nouvelles,
elles sont en **conversation**.

3. **Envahir** un endroit, c'est s'y installer de force et l'occuper tout entier.

4. **Une insulte** est un mot ou une phrase méchante que l'on dit à une personne pour la vexer, pour lui faire du mal.

5. **Un incident**, c'est un petit événement
qui arrive brusquement.
Ce n'est pas très grave,
mais ça peut causer des ennuis.

6. Quand on a réussi quelque chose
d'extraordinaire, avec adresse,
avec courage, on a fait **un exploit**.

Achevé d'imprimer en Juillet 2001 par OBERTHUR Graphique
35000 RENNES - N° 3834
Dépôt légal : Janvier 2001 - N° Editeur : 6874
Imprimé en France